See the Seas!

An Oceanic Delights Weekly Planner

Activinotes

Activinotes

DAILY JOURNALS, PLANNERS, NOTEBOOKS AND OTHER BLANK BOOKS

NAME: ....

ADDRESS: ....

EMAIL ADDRESS: ....

CONTACT NOs.: ....

....

MONDAY

9:00 AM	4:00 PM
10:00 AM	5:00 PM
11:00 AM	6:00 PM
12:00 PM	MUST DOs
1:00 PM	☐
2:00 PM	☐
3:00 PM	☐

TUESDAY

9:00 AM	4:00 PM
10:00 AM	5:00 PM
11:00 AM	6:00 PM
12:00 PM	MUST DOs
1:00 PM	☐
2:00 PM	☐
3:00 PM	☐

WEDNESDAY

9:00 AM	4:00 PM
10:00 AM	5:00 PM
11:00 AM	6:00 PM
12:00 PM	MUST DOs
1:00 PM	☐
2:00 PM	☐
3:00 PM	☐

THURSDAY

9:00 AM	4:00 PM
10:00 AM	5:00 PM
11:00 AM	6:00 PM
12:00 PM	MUST DOs
1:00 PM	☐
2:00 PM	☐
3:00 PM	☐

FRIDAY

9:00 AM	4:00 PM
10:00 AM	5:00 PM
11:00 AM	6:00 PM
12:00 PM	MUST DOs
1:00 PM	☐
2:00 PM	☐
3:00 PM	☐

SATURDAY

9:00 AM	4:00 PM
10:00 AM	5:00 PM
11:00 AM	6:00 PM
12:00 PM	MUST DOs
1:00 PM	☐
2:00 PM	☐
3:00 PM	☐

SUNDAY

9:00 AM	4:00 PM
10:00 AM	5:00 PM
11:00 AM	6:00 PM
12:00 PM	MUST DOs
1:00 PM	☐
2:00 PM	☐
3:00 PM	☐

NOTES

....

....

....

....

....

THOUGHTS

_____

_____

_____

_____

_____

_____

_____

_____

_____

_____

_____

_____

_____

_____

_____

_____

_____

MONDAY

9:00 AM	4:00 PM
10:00 AM	5:00 PM
11:00 AM	6:00 PM
12:00 PM	MUST DOs
1:00 PM	☐
2:00 PM	☐
3:00 PM	☐

TUESDAY

9:00 AM	4:00 PM
10:00 AM	5:00 PM
11:00 AM	6:00 PM
12:00 PM	MUST DOs
1:00 PM	☐
2:00 PM	☐
3:00 PM	☐

WEDNESDAY

9:00 AM	4:00 PM
10:00 AM	5:00 PM
11:00 AM	6:00 PM
12:00 PM	MUST DOs
1:00 PM	☐
2:00 PM	☐
3:00 PM	☐

THURSDAY

9:00 AM	4:00 PM
10:00 AM	5:00 PM
11:00 AM	6:00 PM
12:00 PM	MUST DOs
1:00 PM	☐
2:00 PM	☐
3:00 PM	☐

FRIDAY

9:00 AM		4:00 PM
10:00 AM		5:00 PM
11:00 AM		6:00 PM
12:00 PM		MUST DOs
1:00 PM		☐
2:00 PM		☐
3:00 PM		☐

SATURDAY

9:00 AM		4:00 PM
10:00 AM		5:00 PM
11:00 AM		6:00 PM
12:00 PM		MUST DOs
1:00 PM		☐
2:00 PM		☐
3:00 PM		☐

SUNDAY

9:00 AM		4:00 PM
10:00 AM		5:00 PM
11:00 AM		6:00 PM
12:00 PM		MUST DOs
1:00 PM		☐
2:00 PM		☐
3:00 PM		☐

NOTES

THOUGHTS

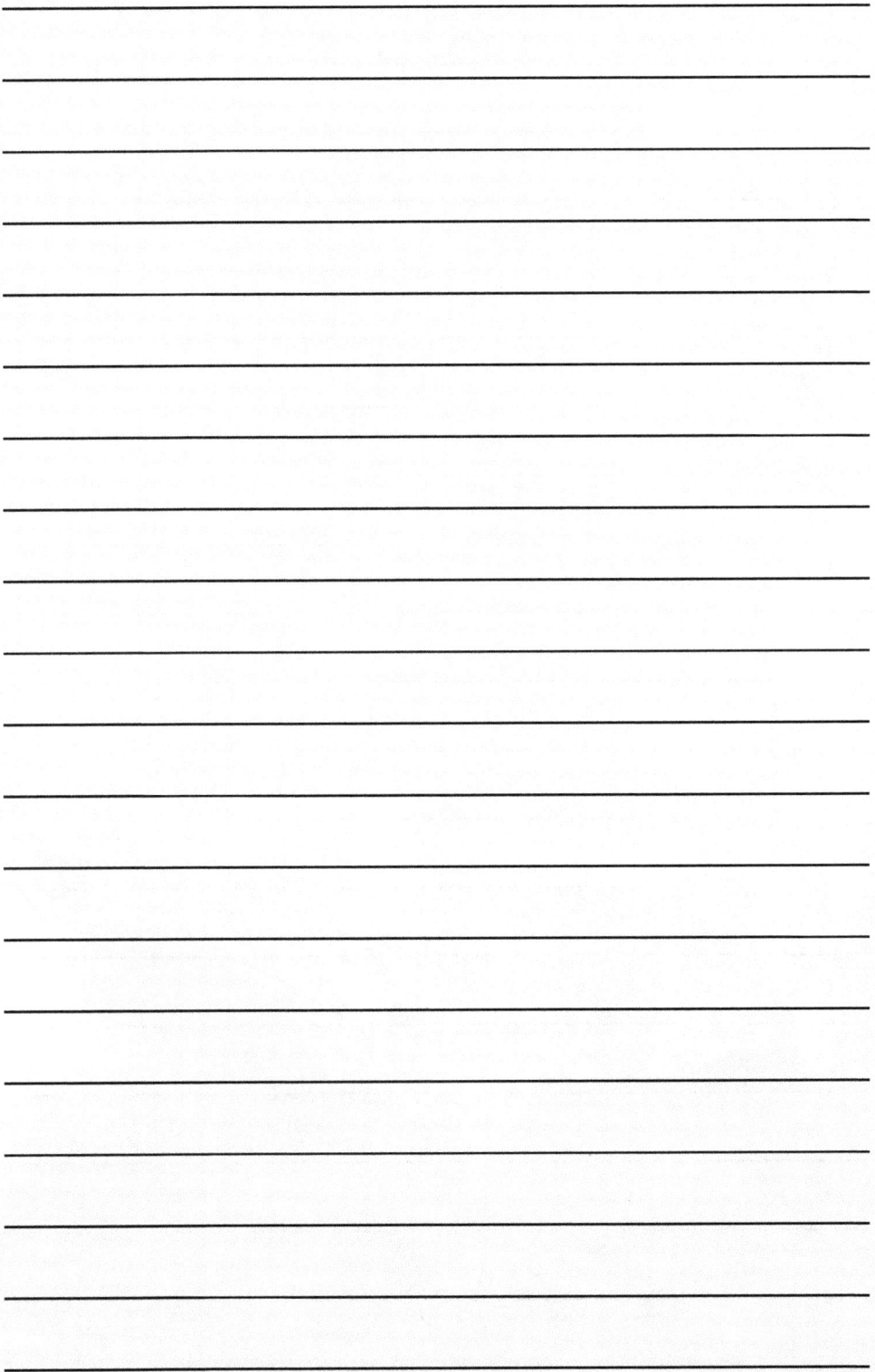

MONDAY

9:00 AM	4:00 PM
10:00 AM	5:00 PM
11:00 AM	6:00 PM
12:00 PM	MUST DOs
1:00 PM	☐
2:00 PM	☐
3:00 PM	☐

TUESDAY

9:00 AM	4:00 PM
10:00 AM	5:00 PM
11:00 AM	6:00 PM
12:00 PM	MUST DOs
1:00 PM	☐
2:00 PM	☐
3:00 PM	☐

WEDNESDAY

9:00 AM	4:00 PM
10:00 AM	5:00 PM
11:00 AM	6:00 PM
12:00 PM	MUST DOs
1:00 PM	☐
2:00 PM	☐
3:00 PM	☐

THURSDAY

9:00 AM	4:00 PM
10:00 AM	5:00 PM
11:00 AM	6:00 PM
12:00 PM	MUST DOs
1:00 PM	☐
2:00 PM	☐
3:00 PM	☐

9:00 AM	4:00 PM
10:00 AM	5:00 PM
11:00 AM	6:00 PM
12:00 PM	MUST DOs
1:00 PM	☐
2:00 PM	☐
3:00 PM	☐

SATURDAY

9:00 AM	4:00 PM
10:00 AM	5:00 PM
11:00 AM	6:00 PM
12:00 PM	MUST DOs
1:00 PM	☐
2:00 PM	☐
3:00 PM	☐

SUNDAY

9:00 AM	4:00 PM
10:00 AM	5:00 PM
11:00 AM	6:00 PM
12:00 PM	MUST DOs
1:00 PM	☐
2:00 PM	☐
3:00 PM	☐

NOTES

Thoughts

MONDAY

9:00 AM	4:00 PM
10:00 AM	5:00 PM
11:00 AM	6:00 PM
12:00 PM	MUST DOs
1:00 PM	☐
2:00 PM	☐
3:00 PM	☐

TUESDAY

9:00 AM	4:00 PM
10:00 AM	5:00 PM
11:00 AM	6:00 PM
12:00 PM	MUST DOs
1:00 PM	☐
2:00 PM	☐
3:00 PM	☐

WEDNESDAY

9:00 AM	4:00 PM
10:00 AM	5:00 PM
11:00 AM	6:00 PM
12:00 PM	MUST DOs
1:00 PM	☐
2:00 PM	☐
3:00 PM	☐

THURSDAY

9:00 AM	4:00 PM
10:00 AM	5:00 PM
11:00 AM	6:00 PM
12:00 PM	MUST DOs
1:00 PM	☐
2:00 PM	☐
3:00 PM	☐

FRIDAY

9:00 AM	4:00 PM
10:00 AM	5:00 PM
11:00 AM	6:00 PM
12:00 PM	MUST DOs
1:00 PM	☐
2:00 PM	☐
3:00 PM	☐

SATURDAY

9:00 AM	4:00 PM
10:00 AM	5:00 PM
11:00 AM	6:00 PM
12:00 PM	MUST DOs
1:00 PM	☐
2:00 PM	☐
3:00 PM	☐

SUNDAY

9:00 AM	4:00 PM
10:00 AM	5:00 PM
11:00 AM	6:00 PM
12:00 PM	MUST DOs
1:00 PM	☐
2:00 PM	☐
3:00 PM	☐

NOTES

THOUGHTS

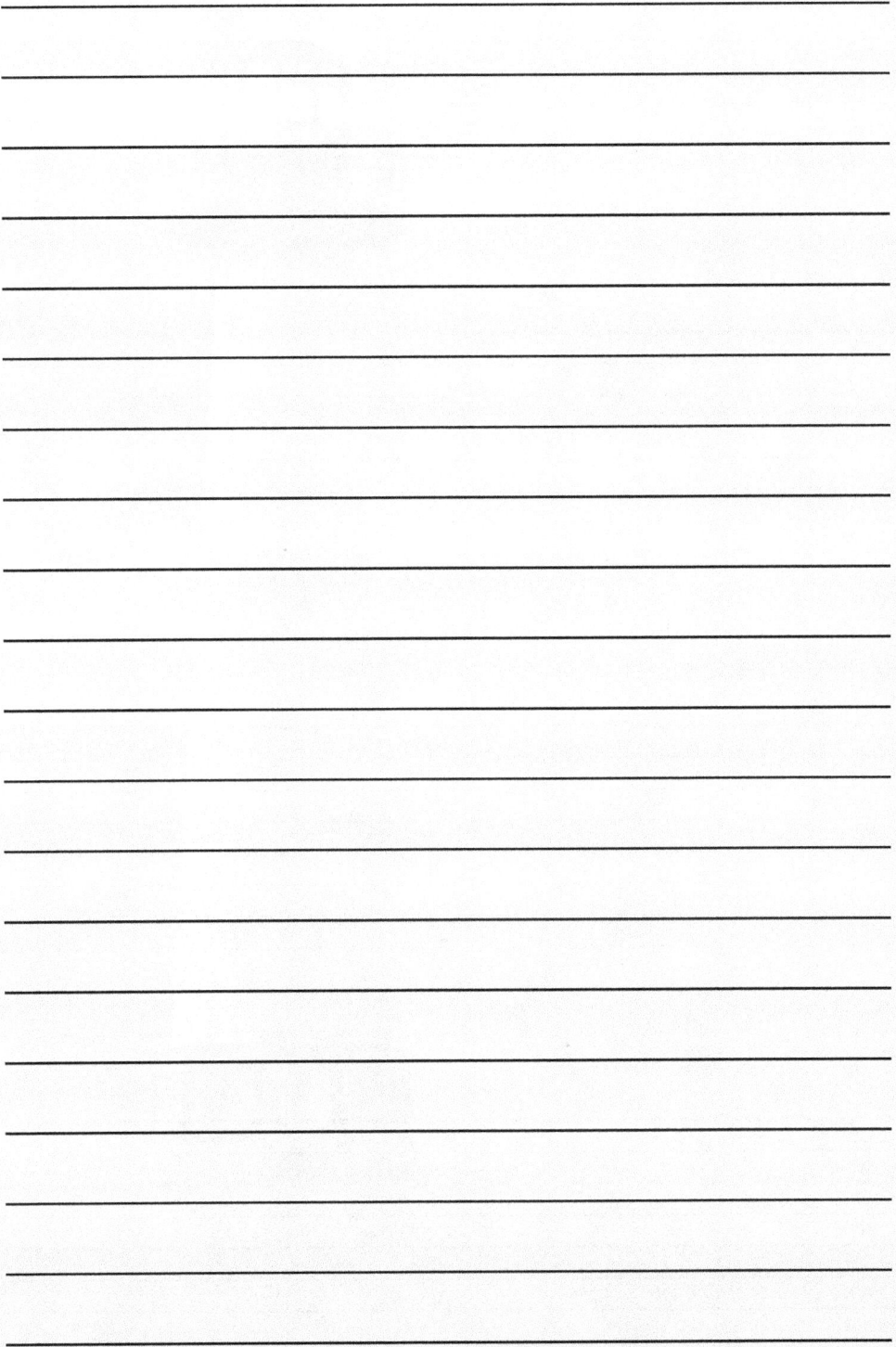

MONDAY

9:00 AM	4:00 PM
10:00 AM	5:00 PM
11:00 AM	6:00 PM
12:00 PM	MUST DOs
1:00 PM	☐
2:00 PM	☐
3:00 PM	☐

TUESDAY

9:00 AM	4:00 PM
10:00 AM	5:00 PM
11:00 AM	6:00 PM
12:00 PM	MUST DOs
1:00 PM	☐
2:00 PM	☐
3:00 PM	☐

WEDNESDAY

9:00 AM	4:00 PM
10:00 AM	5:00 PM
11:00 AM	6:00 PM
12:00 PM	MUST DOs
1:00 PM	☐
2:00 PM	☐
3:00 PM	☐

THURSDAY

9:00 AM	4:00 PM
10:00 AM	5:00 PM
11:00 AM	6:00 PM
12:00 PM	MUST DOs
1:00 PM	☐
2:00 PM	☐
3:00 PM	☐

FRIDAY

9:00 AM	4:00 PM
10:00 AM	5:00 PM
11:00 AM	6:00 PM
12:00 PM	MUST DOs
1:00 PM	☐
2:00 PM	☐
3:00 PM	☐

SATURDAY

9:00 AM	4:00 PM
10:00 AM	5:00 PM
11:00 AM	6:00 PM
12:00 PM	MUST DOs
1:00 PM	☐
2:00 PM	☐
3:00 PM	☐

SUNDAY

9:00 AM	4:00 PM
10:00 AM	5:00 PM
11:00 AM	6:00 PM
12:00 PM	MUST DOs
1:00 PM	☐
2:00 PM	☐
3:00 PM	☐

NOTES

THOUGHTS

_____

_____

_____

_____

_____

_____

_____

_____

_____

_____

_____

_____

_____

_____

_____

_____

MONDAY

9:00 AM	4:00 PM
10:00 AM	5:00 PM
11:00 AM	6:00 PM
12:00 PM	MUST DOs
1:00 PM	☐
2:00 PM	☐
3:00 PM	☐

TUESDAY

9:00 AM	4:00 PM
10:00 AM	5:00 PM
11:00 AM	6:00 PM
12:00 PM	MUST DOs
1:00 PM	☐
2:00 PM	☐
3:00 PM	☐

WEDNESDAY

9:00 AM	4:00 PM
10:00 AM	5:00 PM
11:00 AM	6:00 PM
12:00 PM	MUST DOs
1:00 PM	☐
2:00 PM	☐
3:00 PM	☐

THURSDAY

9:00 AM	4:00 PM
10:00 AM	5:00 PM
11:00 AM	6:00 PM
12:00 PM	MUST DOs
1:00 PM	☐
2:00 PM	☐
3:00 PM	☐

9:00 AM	4:00 PM
10:00 AM	5:00 PM
11:00 AM	6:00 PM
12:00 PM	MUST DOs
1:00 PM	☐
2:00 PM	☐
3:00 PM	☐

SATURDAY

9:00 AM	4:00 PM
10:00 AM	5:00 PM
11:00 AM	6:00 PM
12:00 PM	MUST DOs
1:00 PM	☐
2:00 PM	☐
3:00 PM	☐

SUNDAY

9:00 AM	4:00 PM
10:00 AM	5:00 PM
11:00 AM	6:00 PM
12:00 PM	MUST DOs
1:00 PM	☐
2:00 PM	☐
3:00 PM	☐

NOTES

....

....

....

....

....

THOUGHTS

MONDAY

9:00 AM	4:00 PM
10:00 AM	5:00 PM
11:00 AM	6:00 PM
12:00 PM	MUST DOs
1:00 PM	☐
2:00 PM	☐
3:00 PM	☐

TUESDAY

9:00 AM	4:00 PM
10:00 AM	5:00 PM
11:00 AM	6:00 PM
12:00 PM	MUST DOs
1:00 PM	☐
2:00 PM	☐
3:00 PM	☐

WEDNESDAY

9:00 AM	4:00 PM
10:00 AM	5:00 PM
11:00 AM	6:00 PM
12:00 PM	MUST DOs
1:00 PM	☐
2:00 PM	☐
3:00 PM	☐

THURSDAY

9:00 AM	4:00 PM
10:00 AM	5:00 PM
11:00 AM	6:00 PM
12:00 PM	MUST DOs
1:00 PM	☐
2:00 PM	☐
3:00 PM	☐

FRIDAY

9:00 AM	4:00 PM
10:00 AM	5:00 PM
11:00 AM	6:00 PM
12:00 PM	MUST DOs
1:00 PM	☐
2:00 PM	☐
3:00 PM	☐

SATURDAY

9:00 AM	4:00 PM
10:00 AM	5:00 PM
11:00 AM	6:00 PM
12:00 PM	MUST DOs
1:00 PM	☐
2:00 PM	☐
3:00 PM	☐

SUNDAY

9:00 AM	4:00 PM
10:00 AM	5:00 PM
11:00 AM	6:00 PM
12:00 PM	MUST DOs
1:00 PM	☐
2:00 PM	☐
3:00 PM	☐

NOTES

THOUGHTS

_____

_____

_____

_____

_____

_____

_____

_____

_____

_____

_____

_____

_____

_____

_____

_____

_____

_____

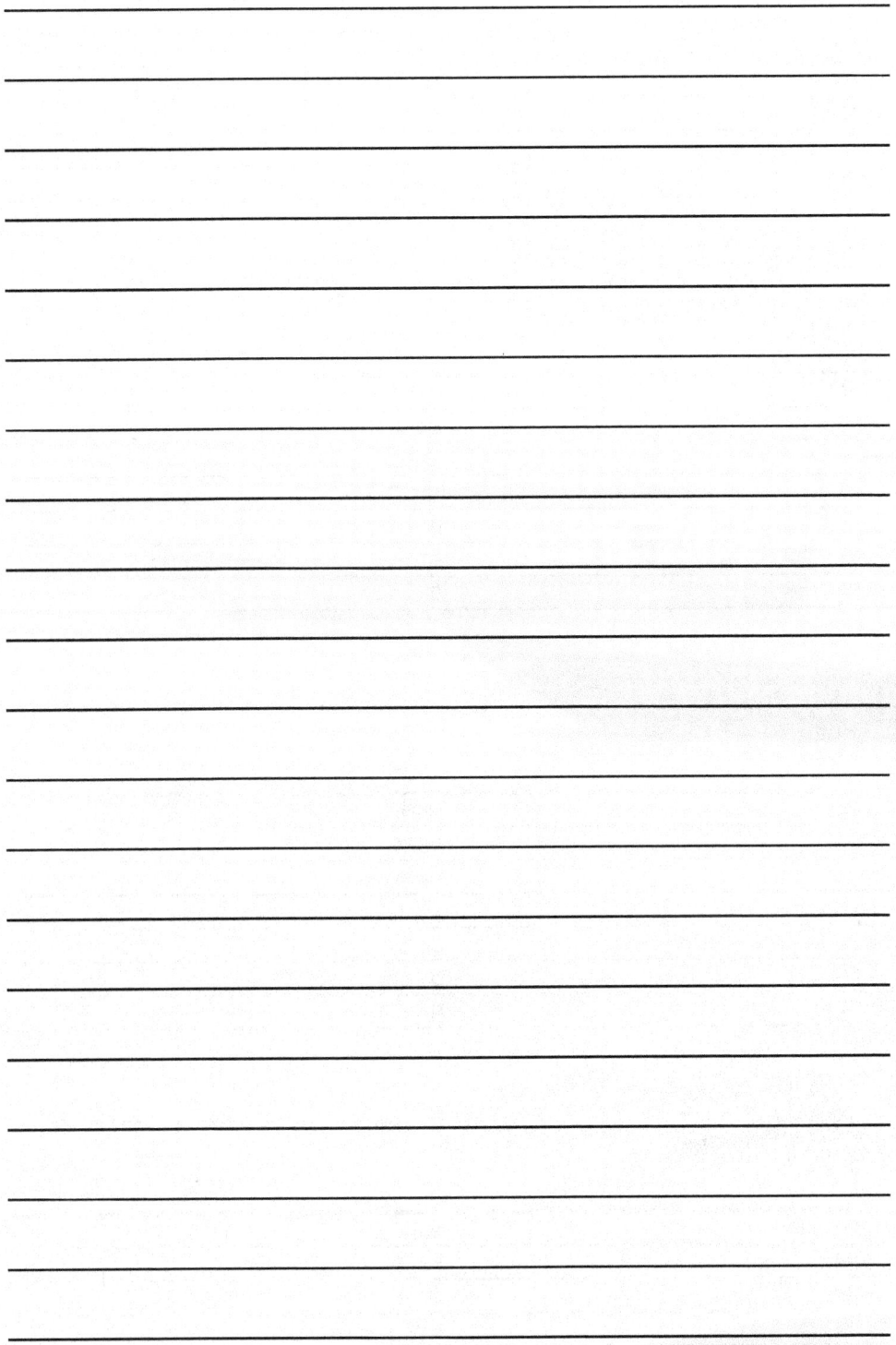

MONDAY

9:00 AM	4:00 PM
10:00 AM	5:00 PM
11:00 AM	6:00 PM
12:00 PM	MUST DOs
1:00 PM	☐
2:00 PM	☐
3:00 PM	☐

TUESDAY

9:00 AM	4:00 PM
10:00 AM	5:00 PM
11:00 AM	6:00 PM
12:00 PM	MUST DOs
1:00 PM	☐
2:00 PM	☐
3:00 PM	☐

WEDNESDAY

9:00 AM	4:00 PM
10:00 AM	5:00 PM
11:00 AM	6:00 PM
12:00 PM	MUST DOs
1:00 PM	☐
2:00 PM	☐
3:00 PM	☐

THURSDAY

9:00 AM	4:00 PM
10:00 AM	5:00 PM
11:00 AM	6:00 PM
12:00 PM	MUST DOs
1:00 PM	☐
2:00 PM	☐
3:00 PM	☐

FRIDAY

9:00 AM	4:00 PM
10:00 AM	5:00 PM
11:00 AM	6:00 PM
12:00 PM	MUST DOs
1:00 PM	☐
2:00 PM	☐
3:00 PM	☐

SATURDAY

9:00 AM	4:00 PM
10:00 AM	5:00 PM
11:00 AM	6:00 PM
12:00 PM	MUST DOs
1:00 PM	☐
2:00 PM	☐
3:00 PM	☐

SUNDAY

9:00 AM	4:00 PM
10:00 AM	5:00 PM
11:00 AM	6:00 PM
12:00 PM	MUST DOs
1:00 PM	☐
2:00 PM	☐
3:00 PM	☐

NOTES

THOUGHTS

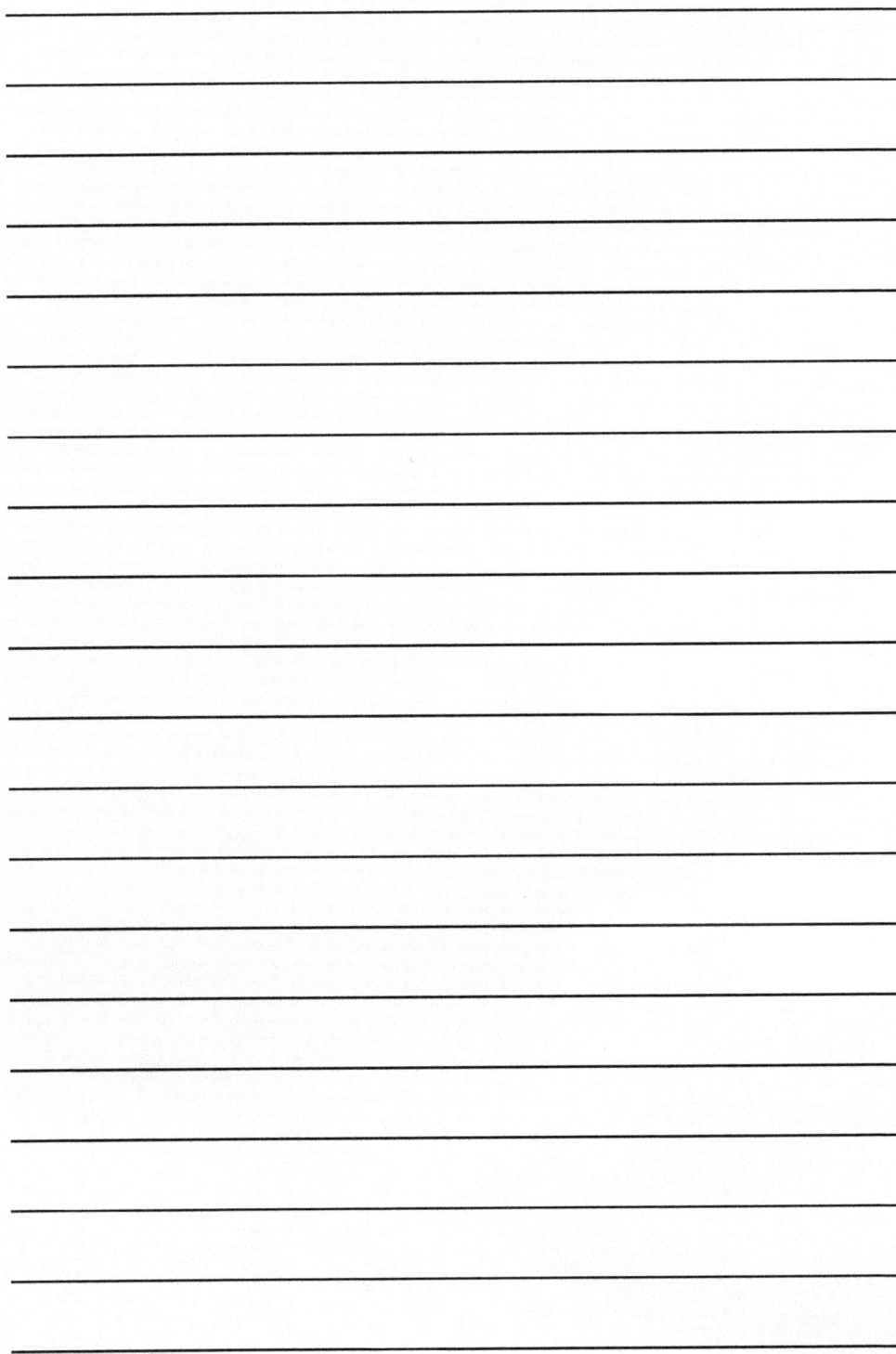

MONDAY

9:00 AM	4:00 PM
10:00 AM	5:00 PM
11:00 AM	6:00 PM
12:00 PM	MUST DOs
1:00 PM	☐
2:00 PM	☐
3:00 PM	☐

TUESDAY

9:00 AM	4:00 PM
10:00 AM	5:00 PM
11:00 AM	6:00 PM
12:00 PM	MUST DOs
1:00 PM	☐
2:00 PM	☐
3:00 PM	☐

WEDNESDAY

9:00 AM	4:00 PM
10:00 AM	5:00 PM
11:00 AM	6:00 PM
12:00 PM	MUST DOs
1:00 PM	☐
2:00 PM	☐
3:00 PM	☐

THURSDAY

9:00 AM	4:00 PM
10:00 AM	5:00 PM
11:00 AM	6:00 PM
12:00 PM	MUST DOs
1:00 PM	☐
2:00 PM	☐
3:00 PM	☐

FRIDAY

9:00 AM	4:00 PM
10:00 AM	5:00 PM
11:00 AM	6:00 PM
12:00 PM	MUST DOs
1:00 PM	☐
2:00 PM	☐
3:00 PM	☐

SATURDAY

9:00 AM	4:00 PM
10:00 AM	5:00 PM
11:00 AM	6:00 PM
12:00 PM	MUST DOs
1:00 PM	☐
2:00 PM	☐
3:00 PM	☐

SUNDAY

9:00 AM	4:00 PM
10:00 AM	5:00 PM
11:00 AM	6:00 PM
12:00 PM	MUST DOs
1:00 PM	☐
2:00 PM	☐
3:00 PM	☐

NOTES

....
....
....
....
....

THOUGHTS

MONDAY

9:00 AM	4:00 PM
10:00 AM	5:00 PM
11:00 AM	6:00 PM
12:00 PM	MUST DOs
1:00 PM	☐
2:00 PM	☐
3:00 PM	☐

TUESDAY

9:00 AM	4:00 PM
10:00 AM	5:00 PM
11:00 AM	6:00 PM
12:00 PM	MUST DOs
1:00 PM	☐
2:00 PM	☐
3:00 PM	☐

WEDNESDAY

9:00 AM	4:00 PM
10:00 AM	5:00 PM
11:00 AM	6:00 PM
12:00 PM	MUST DOs
1:00 PM	☐
2:00 PM	☐
3:00 PM	☐

THURSDAY

9:00 AM	4:00 PM
10:00 AM	5:00 PM
11:00 AM	6:00 PM
12:00 PM	MUST DOs
1:00 PM	☐
2:00 PM	☐
3:00 PM	☐

FRIDAY

9:00 AM	4:00 PM
10:00 AM	5:00 PM
11:00 AM	6:00 PM
12:00 PM	MUST DOs
1:00 PM	☐
2:00 PM	☐
3:00 PM	☐

SATURDAY

9:00 AM	4:00 PM
10:00 AM	5:00 PM
11:00 AM	6:00 PM
12:00 PM	MUST DOs
1:00 PM	☐
2:00 PM	☐
3:00 PM	☐

SUNDAY

9:00 AM	4:00 PM
10:00 AM	5:00 PM
11:00 AM	6:00 PM
12:00 PM	MUST DOs
1:00 PM	☐
2:00 PM	☐
3:00 PM	☐

NOTES

THOUGHTS

_____

_____

_____

_____

_____

_____

_____

_____

_____

_____

_____

_____

_____

_____

_____

_____

_____

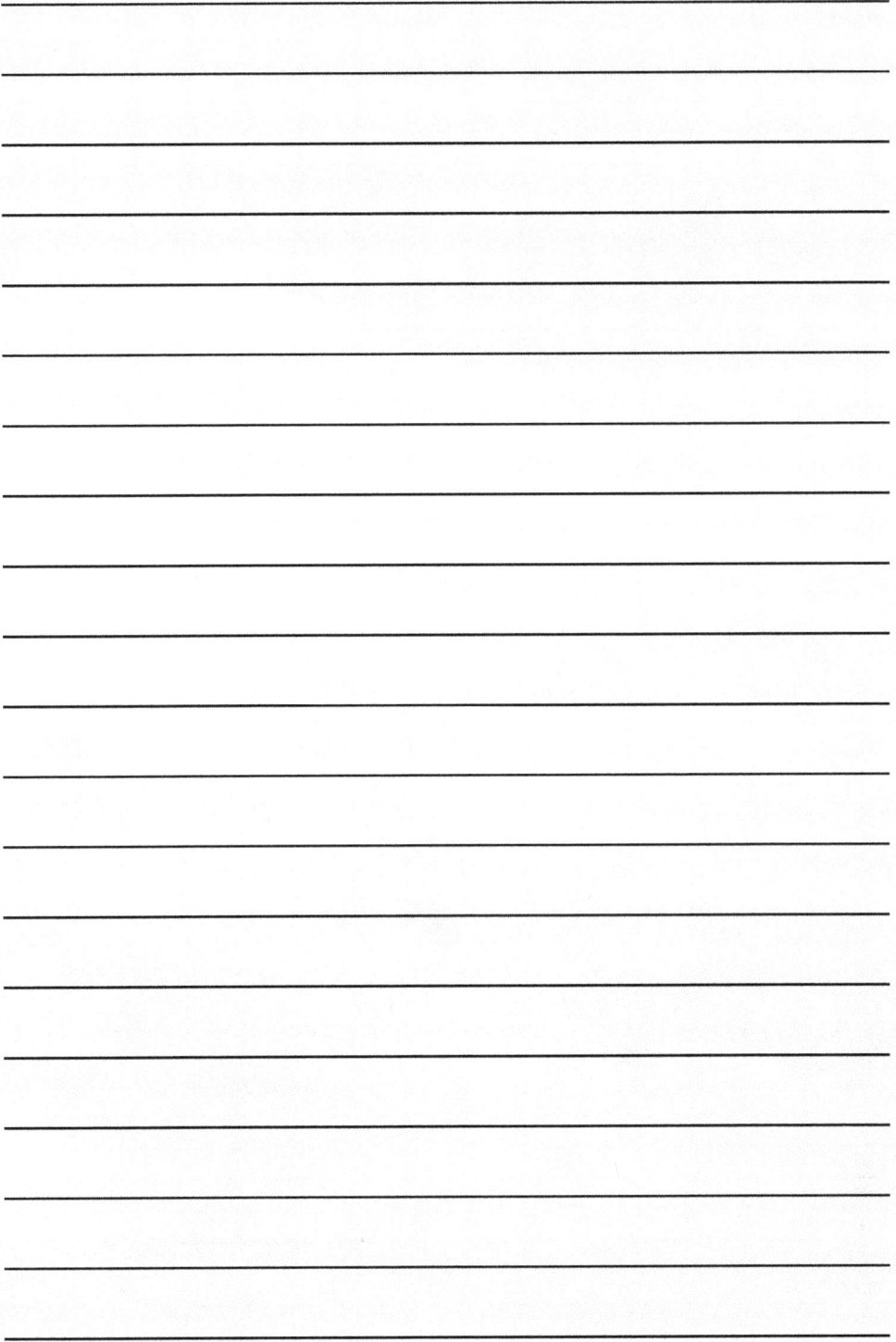

MONDAY

9:00 AM	4:00 PM
10:00 AM	5:00 PM
11:00 AM	6:00 PM
12:00 PM	MUST DOs
1:00 PM	☐
2:00 PM	☐
3:00 PM	☐

TUESDAY

9:00 AM	4:00 PM
10:00 AM	5:00 PM
11:00 AM	6:00 PM
12:00 PM	MUST DOs
1:00 PM	☐
2:00 PM	☐
3:00 PM	☐

WEDNESDAY

9:00 AM	4:00 PM
10:00 AM	5:00 PM
11:00 AM	6:00 PM
12:00 PM	MUST DOs
1:00 PM	☐
2:00 PM	☐
3:00 PM	☐

THURSDAY

9:00 AM	4:00 PM
10:00 AM	5:00 PM
11:00 AM	6:00 PM
12:00 PM	MUST DOs
1:00 PM	☐
2:00 PM	☐
3:00 PM	☐

9:00 AM	4:00 PM
10:00 AM	5:00 PM
11:00 AM	6:00 PM
12:00 PM	MUST DOs
1:00 PM	☐
2:00 PM	☐
3:00 PM	☐

SATURDAY

9:00 AM	4:00 PM
10:00 AM	5:00 PM
11:00 AM	6:00 PM
12:00 PM	MUST DOs
1:00 PM	☐
2:00 PM	☐
3:00 PM	☐

SUNDAY

9:00 AM	4:00 PM
10:00 AM	5:00 PM
11:00 AM	6:00 PM
12:00 PM	MUST DOs
1:00 PM	☐
2:00 PM	☐
3:00 PM	☐

NOTES

THOUGHTS

_____

_____

_____

_____

_____

_____

_____

_____

_____

_____

_____

_____

_____

_____

_____

_____

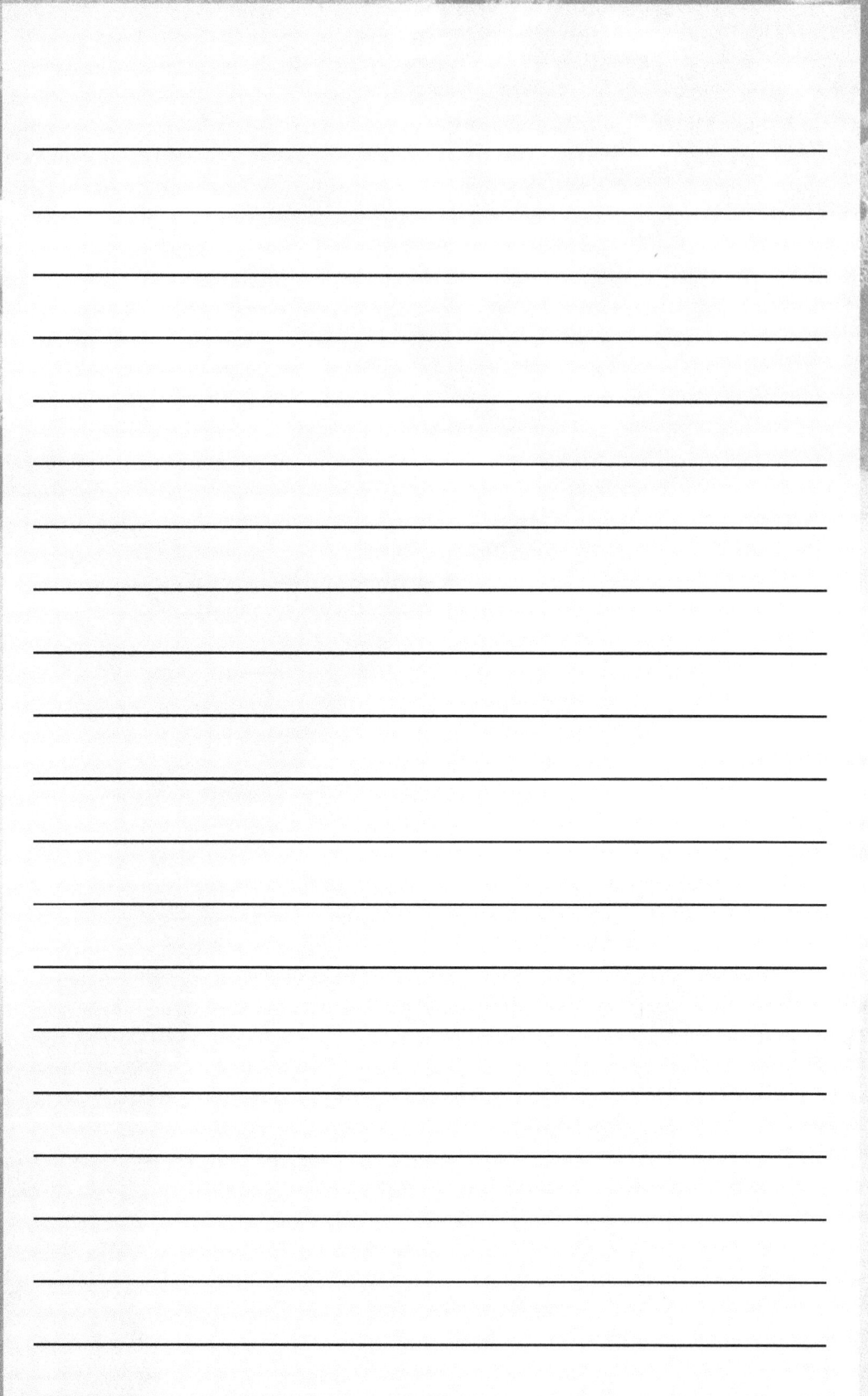

MONDAY

9:00 AM	4:00 PM
10:00 AM	5:00 PM
11:00 AM	6:00 PM
12:00 PM	MUST DOs
1:00 PM	☐
2:00 PM	☐
3:00 PM	☐

TUESDAY

9:00 AM	4:00 PM
10:00 AM	5:00 PM
11:00 AM	6:00 PM
12:00 PM	MUST DOs
1:00 PM	☐
2:00 PM	☐
3:00 PM	☐

WEDNESDAY

9:00 AM	4:00 PM
10:00 AM	5:00 PM
11:00 AM	6:00 PM
12:00 PM	MUST DOs
1:00 PM	☐
2:00 PM	☐
3:00 PM	☐

THURSDAY

9:00 AM	4:00 PM
10:00 AM	5:00 PM
11:00 AM	6:00 PM
12:00 PM	MUST DOs
1:00 PM	☐
2:00 PM	☐
3:00 PM	☐

FRIDAY

9:00 AM	4:00 PM
10:00 AM	5:00 PM
11:00 AM	6:00 PM
12:00 PM	MUST DOs
1:00 PM	☐
2:00 PM	☐
3:00 PM	☐

SATURDAY

9:00 AM	4:00 PM
10:00 AM	5:00 PM
11:00 AM	6:00 PM
12:00 PM	MUST DOs
1:00 PM	☐
2:00 PM	☐
3:00 PM	☐

SUNDAY

9:00 AM	4:00 PM
10:00 AM	5:00 PM
11:00 AM	6:00 PM
12:00 PM	MUST DOs
1:00 PM	☐
2:00 PM	☐
3:00 PM	☐

NOTES

THOUGHTS

_____

_____

_____

_____

_____

_____

_____

_____

_____

_____

_____

_____

_____

_____

_____

_____

MONDAY

9:00 AM	4:00 PM
10:00 AM	5:00 PM
11:00 AM	6:00 PM
12:00 PM	MUST DOs
1:00 PM	☐
2:00 PM	☐
3:00 PM	☐

TUESDAY

9:00 AM	4:00 PM
10:00 AM	5:00 PM
11:00 AM	6:00 PM
12:00 PM	MUST DOs
1:00 PM	☐
2:00 PM	☐
3:00 PM	☐

WEDNESDAY

9:00 AM	4:00 PM
10:00 AM	5:00 PM
11:00 AM	6:00 PM
12:00 PM	MUST DOs
1:00 PM	☐
2:00 PM	☐
3:00 PM	☐

THURSDAY

9:00 AM	4:00 PM
10:00 AM	5:00 PM
11:00 AM	6:00 PM
12:00 PM	MUST DOs
1:00 PM	☐
2:00 PM	☐
3:00 PM	☐

FRIDAY

9:00 AM	4:00 PM
10:00 AM	5:00 PM
11:00 AM	6:00 PM
12:00 PM	MUST DOs
1:00 PM	☐
2:00 PM	☐
3:00 PM	☐

SATURDAY

9:00 AM	4:00 PM
10:00 AM	5:00 PM
11:00 AM	6:00 PM
12:00 PM	MUST DOs
1:00 PM	☐
2:00 PM	☐
3:00 PM	☐

SUNDAY

9:00 AM	4:00 PM
10:00 AM	5:00 PM
11:00 AM	6:00 PM
12:00 PM	MUST DOs
1:00 PM	☐
2:00 PM	☐
3:00 PM	☐

NOTES

....

....

....

....

....

THOUGHTS

MONDAY

9:00 AM	4:00 PM
10:00 AM	5:00 PM
11:00 AM	6:00 PM
12:00 PM	MUST DOs
1:00 PM	☐
2:00 PM	☐
3:00 PM	☐

TUESDAY

9:00 AM	4:00 PM
10:00 AM	5:00 PM
11:00 AM	6:00 PM
12:00 PM	MUST DOs
1:00 PM	☐
2:00 PM	☐
3:00 PM	☐

WEDNESDAY

9:00 AM	4:00 PM
10:00 AM	5:00 PM
11:00 AM	6:00 PM
12:00 PM	MUST DOs
1:00 PM	☐
2:00 PM	☐
3:00 PM	☐

THURSDAY

9:00 AM	4:00 PM
10:00 AM	5:00 PM
11:00 AM	6:00 PM
12:00 PM	MUST DOs
1:00 PM	☐
2:00 PM	☐
3:00 PM	☐

FRIDAY

9:00 AM	4:00 PM
10:00 AM	5:00 PM
11:00 AM	6:00 PM
12:00 PM	MUST DOs
1:00 PM	☐
2:00 PM	☐
3:00 PM	☐

SATURDAY

9:00 AM	4:00 PM
10:00 AM	5:00 PM
11:00 AM	6:00 PM
12:00 PM	MUST DOs
1:00 PM	☐
2:00 PM	☐
3:00 PM	☐

SUNDAY

9:00 AM	4:00 PM
10:00 AM	5:00 PM
11:00 AM	6:00 PM
12:00 PM	MUST DOs
1:00 PM	☐
2:00 PM	☐
3:00 PM	☐

NOTES

THOUGHTS

_____

_____

_____

_____

_____

_____

_____

_____

_____

_____

_____

_____

_____

_____

_____

_____

_____

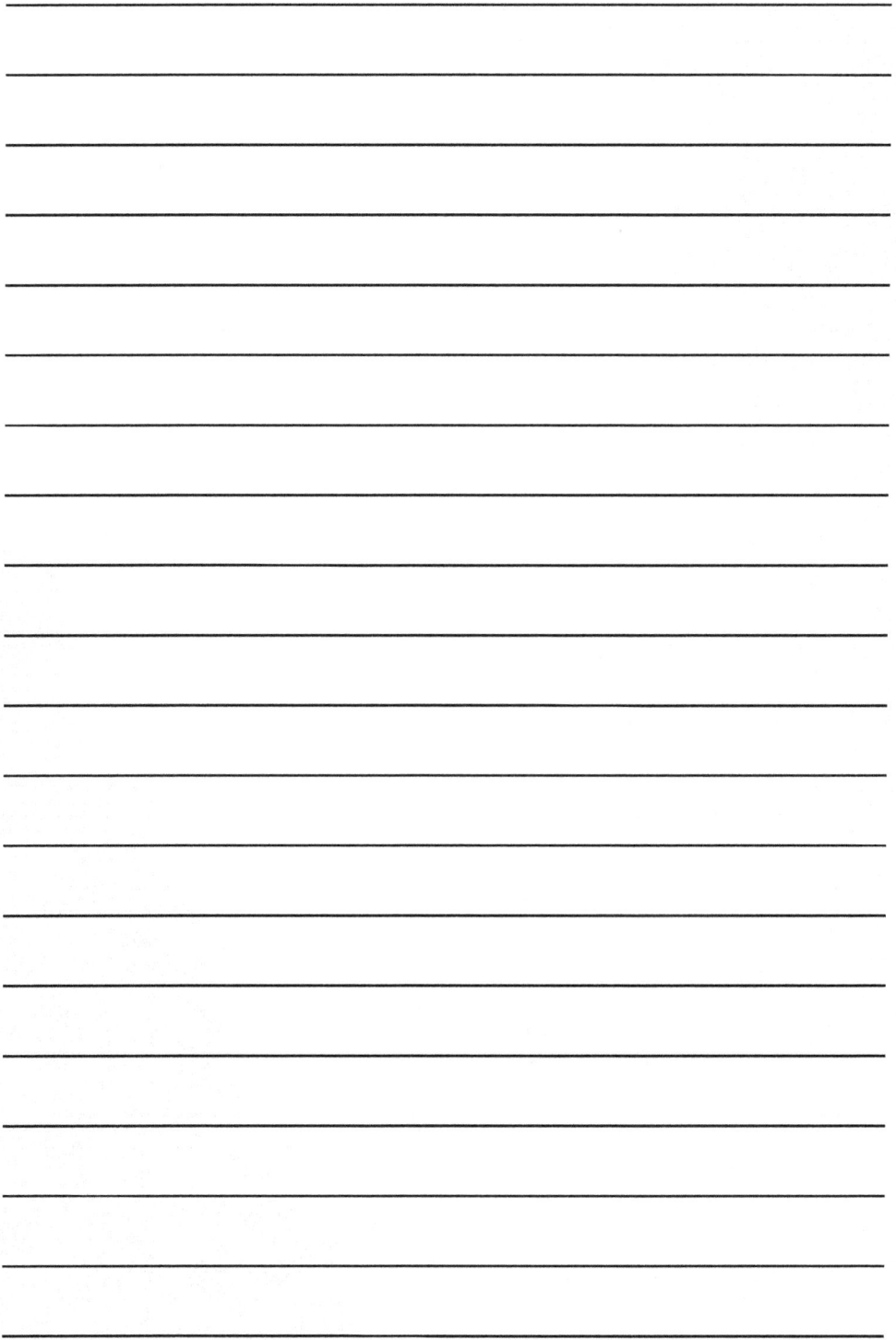

MONDAY

9:00 AM	4:00 PM
10:00 AM	5:00 PM
11:00 AM	6:00 PM
12:00 PM	MUST DOs
1:00 PM	☐
2:00 PM	☐
3:00 PM	☐

TUESDAY

9:00 AM	4:00 PM
10:00 AM	5:00 PM
11:00 AM	6:00 PM
12:00 PM	MUST DOs
1:00 PM	☐
2:00 PM	☐
3:00 PM	☐

WEDNESDAY

9:00 AM	4:00 PM
10:00 AM	5:00 PM
11:00 AM	6:00 PM
12:00 PM	MUST DOs
1:00 PM	☐
2:00 PM	☐
3:00 PM	☐

THURSDAY

9:00 AM	4:00 PM
10:00 AM	5:00 PM
11:00 AM	6:00 PM
12:00 PM	MUST DOs
1:00 PM	☐
2:00 PM	☐
3:00 PM	☐

FRIDAY

9:00 AM	4:00 PM
10:00 AM	5:00 PM
11:00 AM	6:00 PM
12:00 PM	MUST DOs
1:00 PM	☐
2:00 PM	☐
3:00 PM	☐

SATURDAY

9:00 AM	4:00 PM
10:00 AM	5:00 PM
11:00 AM	6:00 PM
12:00 PM	MUST DOs
1:00 PM	☐
2:00 PM	☐
3:00 PM	☐

SUNDAY

9:00 AM	4:00 PM
10:00 AM	5:00 PM
11:00 AM	6:00 PM
12:00 PM	MUST DOs
1:00 PM	☐
2:00 PM	☐
3:00 PM	☐

NOTES

THOUGHTS

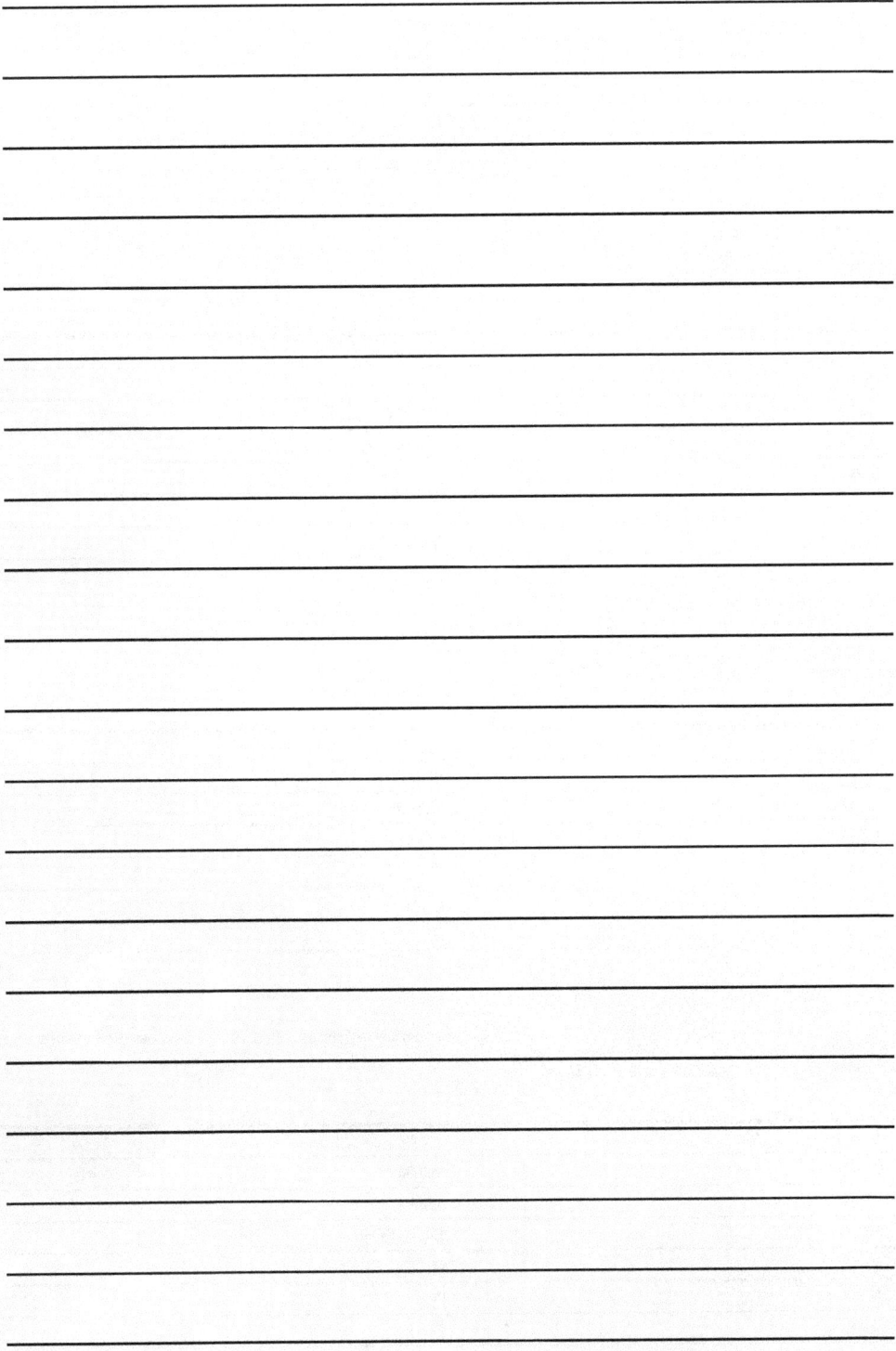

MONDAY

9:00 AM		4:00 PM	
10:00 AM		5:00 PM	
11:00 AM		6:00 PM	
12:00 PM		MUST DOs	
1:00 PM		☐	
2:00 PM		☐	
3:00 PM		☐	

TUESDAY

9:00 AM		4:00 PM	
10:00 AM		5:00 PM	
11:00 AM		6:00 PM	
12:00 PM		MUST DOs	
1:00 PM		☐	
2:00 PM		☐	
3:00 PM		☐	

WEDNESDAY

9:00 AM		4:00 PM	
10:00 AM		5:00 PM	
11:00 AM		6:00 PM	
12:00 PM		MUST DOs	
1:00 PM		☐	
2:00 PM		☐	
3:00 PM		☐	

THURSDAY

9:00 AM		4:00 PM	
10:00 AM		5:00 PM	
11:00 AM		6:00 PM	
12:00 PM		MUST DOs	
1:00 PM		☐	
2:00 PM		☐	
3:00 PM		☐	

FRIDAY

9:00 AM		4:00 PM
10:00 AM		5:00 PM
11:00 AM		6:00 PM
12:00 PM		MUST DOs
1:00 PM		☐
2:00 PM		☐
3:00 PM		☐

SATURDAY

9:00 AM		4:00 PM
10:00 AM		5:00 PM
11:00 AM		6:00 PM
12:00 PM		MUST DOs
1:00 PM		☐
2:00 PM		☐
3:00 PM		☐

SUNDAY

9:00 AM		4:00 PM
10:00 AM		5:00 PM
11:00 AM		6:00 PM
12:00 PM		MUST DOs
1:00 PM		☐
2:00 PM		☐
3:00 PM		☐

NOTES

....

....

....

....

....

THOUGHTS

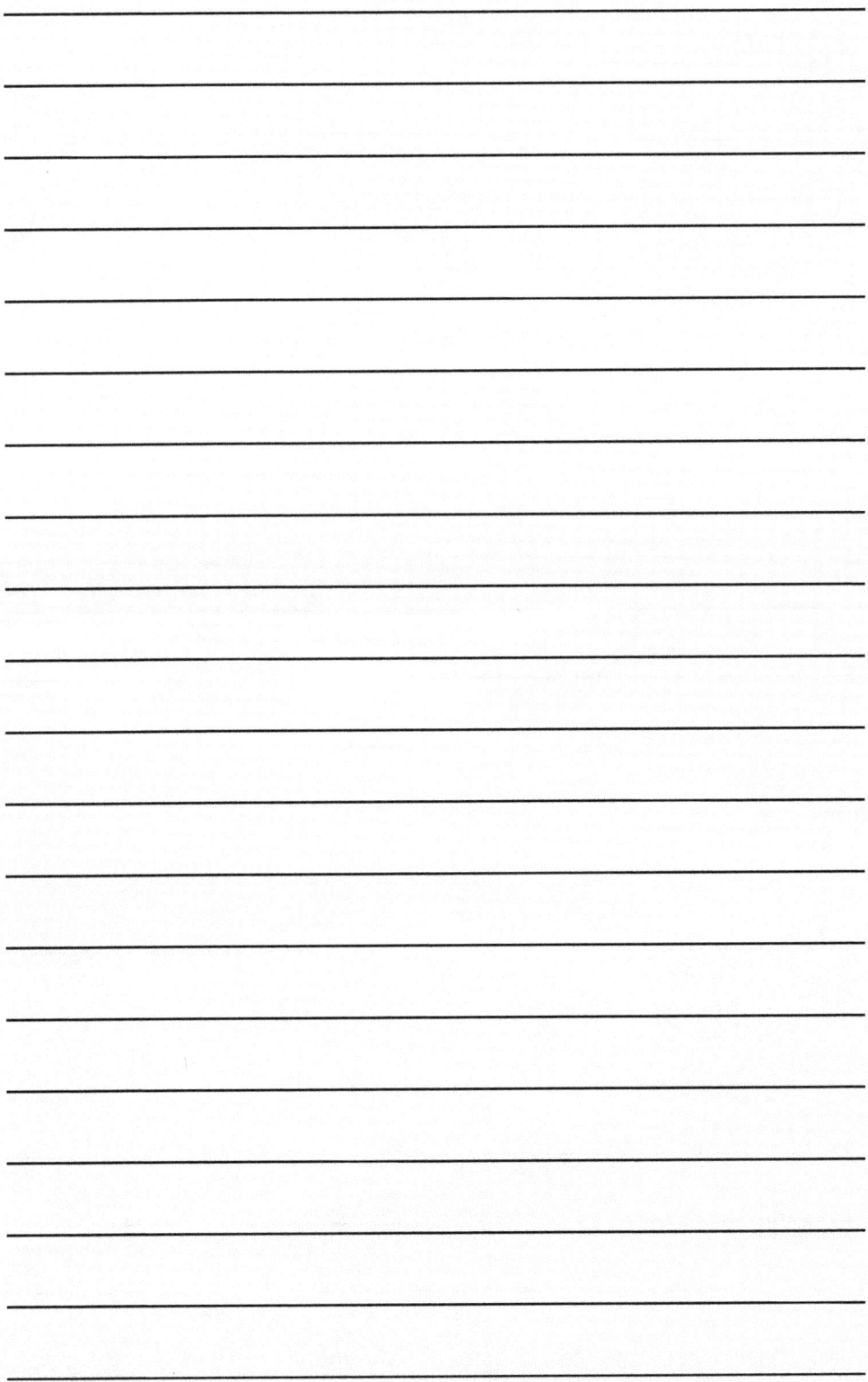

MONDAY

9:00 AM	4:00 PM
10:00 AM	5:00 PM
11:00 AM	6:00 PM
12:00 PM	MUST DOs
1:00 PM	☐
2:00 PM	☐
3:00 PM	☐

TUESDAY

9:00 AM	4:00 PM
10:00 AM	5:00 PM
11:00 AM	6:00 PM
12:00 PM	MUST DOs
1:00 PM	☐
2:00 PM	☐
3:00 PM	☐

WEDNESDAY

9:00 AM	4:00 PM
10:00 AM	5:00 PM
11:00 AM	6:00 PM
12:00 PM	MUST DOs
1:00 PM	☐
2:00 PM	☐
3:00 PM	☐

THURSDAY

9:00 AM	4:00 PM
10:00 AM	5:00 PM
11:00 AM	6:00 PM
12:00 PM	MUST DOs
1:00 PM	☐
2:00 PM	☐
3:00 PM	☐

9:00 AM	4:00 PM
10:00 AM	5:00 PM
11:00 AM	6:00 PM
12:00 PM	MUST DOs
1:00 PM	☐
2:00 PM	☐
3:00 PM	☐

SATURDAY

9:00 AM	4:00 PM
10:00 AM	5:00 PM
11:00 AM	6:00 PM
12:00 PM	MUST DOs
1:00 PM	☐
2:00 PM	☐
3:00 PM	☐

SUNDAY

9:00 AM	4:00 PM
10:00 AM	5:00 PM
11:00 AM	6:00 PM
12:00 PM	MUST DOs
1:00 PM	☐
2:00 PM	☐
3:00 PM	☐

NOTES

....

....

....

....

....

THOUGHTS

_____

_____

_____

_____

_____

_____

_____

_____

_____

_____

_____

_____

_____

_____

_____

_____

_____

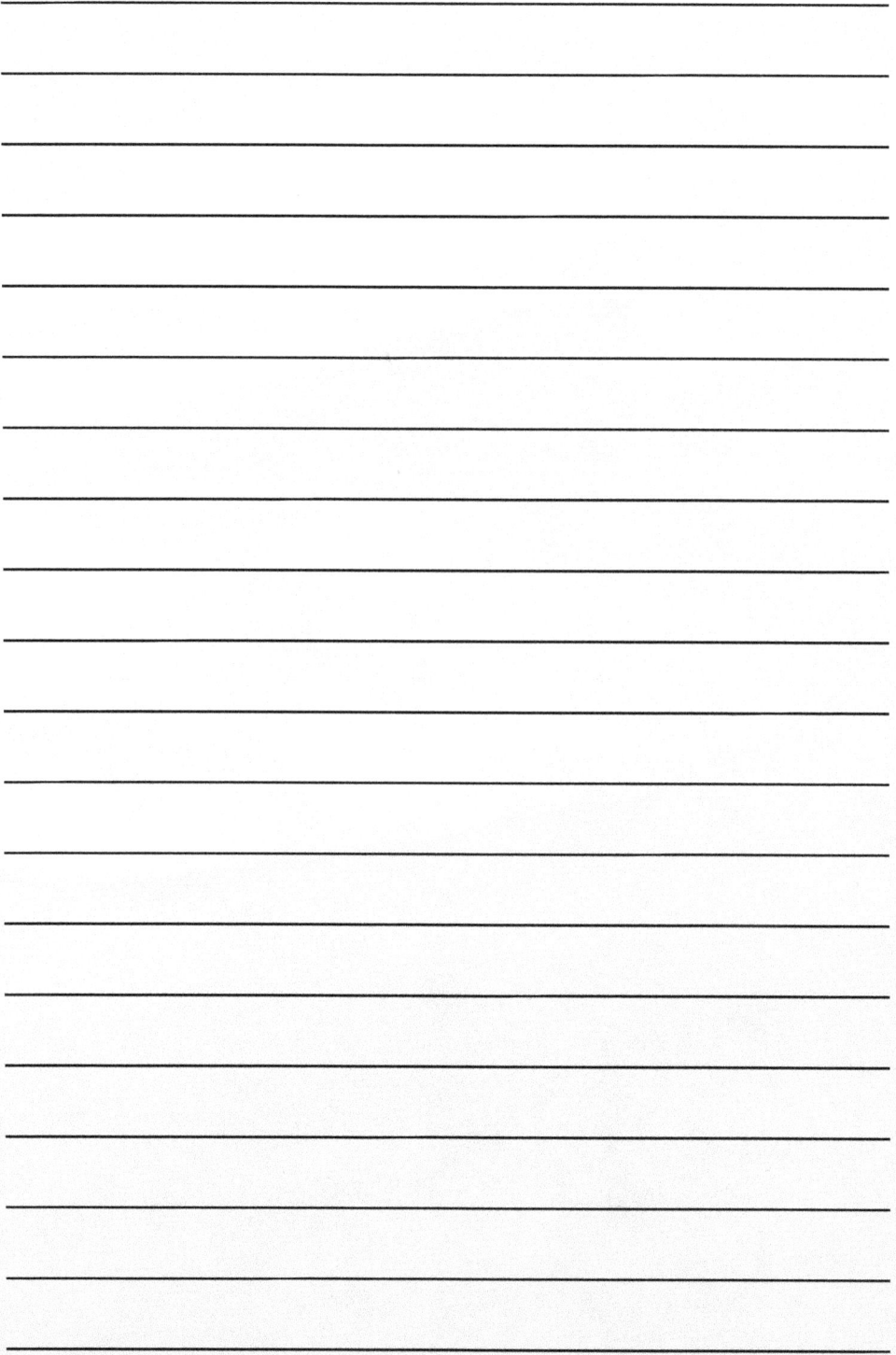

www.ingramcontent.com/pod-product-compliance
Lightning Source LLC
Chambersburg PA
CBHW081336090426
42737CB00017B/3166